I0158720

Construyendo un matrimonio

Guía para el líder

Autor: Roy Rotz

Editores: Larry Morris, Shirley Smith

cnp

Casa Nazarena de Publicaciones

Publicado por
Casa Nazarena de Publicaciones
17001 Praire Star Parkway
Lenexa, KS 66220 EUA.

informacion@editorialcnp.com • www.editorialcnp.com

Título original en inglés:
   Making a Marriage. Leader´s Guide
   Author: Roy Rotz
   Editors: Larry Morris, Shirley Smith
   Copyright © 2007
   Beacon Hill Press of Kansas City
   A Division of Nazarene Publishing House
   Kansas City, Missouri 64109 USA

This edition published by arrangement
with Nazarene Publishing House
All rights reserved

Esta edición se publica con permiso de
Nazarene Publishing House
Copyright © 2010
Todos los derechos reservados

ISBN 978-1-56344-572-9

Traducción: Ana Violeta Mejicanos de Sagui
Diseño de páginas interiores y portada: Jerson Chupina

Categoría: Vida cristiana / Matrimonio

A menos que se indique lo contrario, todas las citas bíblicas han sido tomadas de la Biblia Nueva Versión Internacional, 1999 de Sociedad Bíblica Internacional.

Excepto para breves citas, ninguna parte de este libro puede ser reproducida, almacenada o transmitida en cualquier forma o por cualquier medio sin la previa autorización escrita de la editorial.

Contenido

Introducción

Preparándose para enseñar este estudio

Mientras usted lee la Guía para el líder aparte un tiempo para revisar los recursos disponibles en www.editorialcnp.com bajo la categoría Matrimonio y Familia. Allí encontrará totalmente gratis folletos, materiales de presentación y pruebas para usar en el desarrollo de las sesiones.

La Guía para el líder se ha preparado para facilitar una experiencia de nueve semanas, la cual consiste en una sesión de introducción al estudio y planteamiento de las expectativas del grupo, luego le siguen siete semanas de exploración del contenido y una sesión final para concluir.

El diseño de la Guía para el líder es específico e intencionalmente interactivo. Los mejores resultados ocurrirán si usted, en lugar de enseñar el curso, le facilita al grupo la posibilidad de experimentar.

Requisitos de los líderes

Los líderes de este estudio deben ser cristianos firmes, maduros, con una relación matrimonial estable. El tiempo que llevan de casados, no tiene que ser el factor decisivo, pero debe tomarse en consideración. Si usted ha tomado la responsabilidad de guiar el estudio, es muy recomendable que se haga un análisis personal mientras se prepara. (Vea el apéndice 1).

Los líderes deben tener un fuerte compromiso con la iglesia local y su liderazgo. Es esencial para los líderes de grupo ser de apoyo al pastor y liderazgo de su iglesia. Esto es especialmente importante si algunos de los participantes son nuevos en la iglesia o no están familiarizados con los principios cristianos. Se puede hacer un tremendo daño si los líderes de grupo comprometen al liderazgo de la iglesia por la crítica o la indiferencia.

Es imperativo que usted establezca una atmósfera agradable y positiva para los que participan en este estudio. La confiabilidad es parte indispensable de ser un buen líder. Usted indudablemente escuchará algunas historias muy tiernas y dolorosas de personas que quieren ser mejores. Aun algunos podrán buscarle fuera del grupo para discutir asuntos personales muy difíciles de hablar incluso en los momentos más seguros de la sesión. La manera como usted maneje estos asuntos puede hacer mucho en determinar la efectividad de su ministerio y el potencial para cambios positivos a largo plazo en los matrimonios de su grupo. Su habilidad para mantener estricta confidencialidad es decisiva en la efectividad del liderazgo.

Preparándose para enseñar

Mantenga en mente las siguiente guía al tiempo que se prepara para impartir este estudio:

- Lea toda la Guía para el líder para tener una idea completa del estudio.
- Escriba los recursos de enseñanza necesarios para cada sesión mientras piensa en ellos (tisa o yeso y borrador, cartulina o papel para gráficas, marcadores, proyector, computadora, papel para notas, etc.)
- Ordene los libros de texto Construyendo un matrimonio de la Casa Nazarena de Publicaciones con sus distribuidores, por lo menos tres meses antes de la fecha de inicio.
- Vaya a <www.editorialcnp.com> para ver de antemano y descargar gratis los folletos para imprimir (Apéndice 3).
- Piense en la gente de su grupo a quien va a necesitar contactar con anticipación para asegurarse que tiene permiso para usar sus historias personales, para pedirles a ellos si pueden compartir sus testimonios personales, o pedirles que lean los pasajes del libro de estudio o de la Biblia.
- Si su grupo va a reunirse en los hogares, asegúrese que el lugar de cada reunión se programe por lo menos con una semana de anticipación.
- Si alguna persona va a tener la responsabilidad de preparar los refrescos o bebidas, permita que las personas escojan la semana en que les gustaría participar. (Que las bebidas y los refrescos sean sencillos)
- Bosqueje el plan de cada lección con sus propias palabras o trace el plan en papel para darse a usted mismo un sentido de dirección para cada sesión.

- Ore pidiéndole al Espíritu Santo que le dirija (1) en la forma que usted se prepare, (2) en lo que usted dice en clase, (3) en la forma que usted responde a los comentarios o preguntas de los miembros de la clase, y (4) en la manera que usted le da tiempo al Espíritu para que hable a los corazones de los miembros del grupo mientras cada sesión progresa.

Involucre a los participantes

Acentúe la importancia de leer con anticipación los capítulos asignados, de esta manera cada uno estará preparado y la discusión fluirá del material que el autor ha escrito. Los estudios muestran de sobra que las mujeres leen los libros de ayuda más que los hombres. Usted podrá señalar esto en una manera alegre y decirles a los hombres que también necesitan leer sin confiar en sus esposas para "predigerir" lo que leen.

Las reuniones están interconectadas para facilitar la transición de manera informal, sin la amenaza de abrir con preguntas y actividades que permitan la comparación de ideas y percepciones. Finalmente, las parejas se ven a sí mismas en un ambiente de apoyo con la opción de escoger comportamientos y actitudes que tendrán un impacto positivo en su relación. Se han provisto múltiples opciones y usted está en libertad de escoger la opción que se adapte mejor a usted y a su grupo.

Sumario de la reunión

- **Capte el interés:** Dinámica de presentación.
- **Trabajando juntos:** El grupo compara ideas y percepciones. (Vea el Apéndice 2 para información más profunda acerca de cómo facilitar las discusiones y actividades en el grupo).
- **Tiempo en pareja:** Las parejas individualmente intercambian ideas y pensamientos basados en lo que han aprendido en la sesión. ¡Cuidado! En esta sección probablemente se producirán algunas respuestas emocionales. No se apresure para interferir. Comunique esta posibilidad a su grupo para que si sucede, no los agarre desprevenidos.
- **Viendo hacia adelante:** Distribuya los folletos "Tome tiempo para ser un matrimonio". Estos folletos incluyen una variedad

de actividades que pueden ayudar a las parejas a aplicar lo que han aprendido en la sesión. IMPORTANTE: Estas asignaciones, a menudo, son muy personales y están destinadas para que los participantes las hagan en sus casas.

- **Cierre:** Oración por el líder del grupo.

Arreglos del ambiente

Asegúrese que los lugares estén arreglados para que cada uno tenga acceso visual entre sí, frente a frente, en el grupo. Se creará un ambiente que no dependa de un patrón predecible de la respuesta de los miembros del grupo. Por ejemplo, si el grupo siempre está en círculo, será fácil solamente sentarse alrededor del círculo. El principal problema con esto es que hay veces cuando un miembro en particular puede que no desee responder, pero siente que lo debe hacer porque es su turno. También, pruebe evitar colocar las sillas en fila.

Dé tiempo a las parejas para que hablen en voz baja y directamente entre sí en respuesta a alguna de las preguntas. (Vea "Tiempo en pareja" en la sección "Sumario de la reunión").

Asegúrese de un ambiente bien iluminado y cómodo, donde las temperaturas extremas o una luz muy pobre no lleguen a ser elementos distractores.

Tecnología multimedia

Ya sea que usted reciba a su grupo en la iglesia o en un hogar, siempre prepare todo con anticipación y use presentaciones multimedia y videoclips entre otros. ¡Cuidado! Siempre existirá la probabilidad de problemas técnicos. Sería sabio tener siempre otra opción en caso de que la tecnología no funcione.

Recursos

El sitio de Internet <www.editorialcnp.com> tiene muchos otros recursos que puede usar para implementar los asuntos discutidos en la Guía para el líder.

1

Reunión de
apertura

Objetivo de la reunión: Familiarizarse, establecer las reglas de juego y hacer otras decisiones concernientes al lugar, día, hora, etc.

Prepárese para dirigir

Notas del líder

- Busque cuidado para los niños.
- Prepare café, agua y refrescos.
- Haga copias de su información de contacto para distribuir entre los miembros del grupo (vea Trabajando juntos).
- Haga copias del folleto 1 "Las reglas de juego" para cada participante.
- Haga copias de la reunión 1 "Tome tiempo para ser un matrimonio" (folleto 2).

Capte el interés

Dé a cada pareja una oportunidad de responder y compartir con el grupo las siguientes preguntas:

- Esposos: ¿Cuánto tiempo han estado casados?
- Esposas: ¿Cómo celebraron su primer aniversario?
- Esposos: Cuente algo acerca de cuando usted "puso sus ojos" en ella.
- Esposas: Cuente las circunstancias de cuando él se le propuso.
- Esposos: Cuente algo acerca de cuando usted se encontró la primera vez con sus suegros.
- Esposas: ¿Cuál fue la última cosa romántica que su esposo hizo para usted?

Trabajando juntos

Diga: A menudo hay una diferencia significativa entre nuestro período de compromiso y nuestra vida matrimonial. De las expectativas de la vida matrimonial con la realidad. En nuestro tiempo de estudio juntos podemos experimentar el mismo proceso; expectativas y realidad. Por lo tanto, para maximizar el impacto de nuestro grupo, les proveeremos expectativas claras de lo que va a suceder en las próximas semanas a través de nuestro estudio juntos.

Hágale saber a su grupo que usted está disponible. Haga y distribuya copias de su información de contacto a las parejas en su grupo. Por ejemplo:

María y Juan Pérez
líderes a cargo

Dirección: Boulevar principal No. 2535, Barrio Esperanza.

Teléfono de casa: 5927-3522   Teléfono celular de María: 411-5835-2677

Teléfono celular de Juan: 411-5835-2778

correos electrónicos:

mariaperez0360@hotmail.com

juanperez1258@hotmail.com

Propósitos

- Crecimiento espiritual y relacional: Experimentar crecimiento en Cristo y en nuestros matrimonios.
- Compañerismo: Conocer a otros en nuestro grupo en un sentido más personal.
- Cuidado: Responder a las necesidades espirituales y relacionales de los que han escogido participar con nosotros.
- Alcance: Invitar a los que no participan en una comunidad de fe para que se unan a nosotros en el fortalecimiento de su relación matrimonial.

Determine el tipo de grupo de estudio

Generalmente hay dos clases de grupos pequeños: Abiertos y cerrados. Un grupo abierto es aquel que permite a los participantes venir e irse cuando lo desean y comenzar en cualquier punto de la serie. Un grupo cerrado recluta a los participantes y no permite que nuevas personas se integren después de haber comenzado la primera sesión.

Ya que el material presentado en este estudio tiene una secuencia y cada capítulo se construye sobre el que precede, es recomendable que los grupos sean cerrados. Si se da mucha flexibilidad con respecto a la asistencia, la dinámica del grupo cambia y es difícil mantener la integridad de la experiencia.

Si el estudio va bien, usted puede encontrar personas preguntando si otros matrimonios que ellos conocen pueden participar. En estos casos debe pensar en repetir el estudio.

Determine el lugar

Los grupos se pueden reunir en la iglesia, en algún hogar o en otros lugares determinados con anticipación. Decidan como grupo si prefieren o no reunirse en el mismo lugar cada semana. Algunos grupos encuentran que éste es el método más eficiente. Podría ser en la casa de la pareja líder o en la de uno de los miembros del grupo. Podría ser en la iglesia si logísticamente es adecuado. A algunos les gustaría reunirse en algún restaurante. Otros prefieren la variedad en los hogares o lugares de reunión. Es mejor decidir en la primera sesión lo que se hará y apegarse a ello. Los participantes tienden a retirarse si hay mucha confusión acerca del lugar.

Para que los matrimonios con hijos pequeños tengan este tiempo para enfocarse en el material de la reunión, se recomienda que se tenga la opción de cuidado de niños. Por lo tanto, si es necesario el cuidado de niños, la iglesia puede ser la mejor opción de reunión para su grupo.

Establezca los parámetros de tiempo

Determine la frecuencia de sus reuniones. Lo recomendable es que planifiquen reunirse semanalmente. Es mejor establecer el impulso positivo al principio y reforzarlo reuniéndose con regularidad.

Las reuniones de grupo están diseñadas para que duren aproximadamente una hora y media. Apéguese cuidadosamente a lo establecido. Lo efectivo de sus esfuerzos como líder y la experiencia positiva de los miembros del grupo pueden comprometerse si se viola esta rutina.

Sumario de la reunión

- **Capte el interés:** Dinámica de presentación.
- **Trabajando juntos:** Los grupos comparan ideas y percepciones. (Vea el Apéndice 2 para información más profunda en facilitar discusiones y actividades con grupos).
- **Tiempo en pareja:** Cada pareja intercambia ideas y pensamientos basados en lo que han aprendido en la sesión. ¡Cuidado! Esta sección podría producir alguna respuesta emocional. No se apresure a interferir. Prepare a su grupo para que cuando esto suceda no se sorprendan.
- **Viendo hacia adelante:** Las parejas pueden aplicar (en sus casas) lo que han aprendido en la sesión.
- **Cierre:** Oración por el líder del grupo.

A continuación se sugiere una posible distribución de tiempo para la reunión semanal:

10 minutos	Bienvenida / refrescos. Anuncios /oración
10 minutos	Dinámica de presentación (Capte el interés)

30 minutos	Discusión del capítulo (Trabajando juntos)
30 minutos	Aplicación del capítulo (Tiempo en pareja)
10 minutos	Cierre en oración y distribución del folleto semanal "Tome tiempo para ser un matrimonio".

Las reglas de juego para el grupo

Distribuya y vaya viendo cuidadosamente con su grupo cada una de "Las reglas de juego" (folleto 1).

- Sea afirmativo. No dé consejos como: No debe o no haga.
- Sea confidencial. Lo que usted escucha en el grupo se queda en el grupo.
- Sea comprometido. Haga de este grupo su prioridad. Sabemos que periódicamente hay interrupciones inevitables, pero recuerde cuando una persona falta, la química del grupo cambia.
- Sea positivo. No haga ni permita críticas con respecto a las políticas de la iglesia, los líderes, miembros o asistentes de la iglesia o los miembros del grupo.
- Sea respetuoso. Sea puntual para llegar y puntual para retirarse.
- Sea cortés. Escuche las ideas y perspectivas de otros así como usted quiere que ellos escuchen las suyas. Hable por usted y solamente por usted. Recuerde, nadie está obligado a responder a las preguntas.

Finalice esta reunión preguntando si hay alguna duda de lo que va a suceder o acerca de las expectativas que acaban de ser expresadas a través de "Las reglas de juego" para el grupo.

Viendo hacia delante

Pida al grupo que lea el capítulo 1 del libro de estudio "Una perspectiva bíblica del matrimonio."

13

Sugiérales que hagan algunas notas para discutir o compartir con el grupo.

Distribuya el folleto 2 "Tome tiempo para ser un matrimonio" de la reunión 1. Anime a las parejas a usar los pasajes bíblicos para su tiempo devocional diario.

* Opción para la reunión 1. Aunque es recomendable que la reunión 1 se realice tal como se presenta aquí, muchas de las secciones (tipo de grupo de estudio, lugar, tiempo, reglas de juego) podrían decidirse con anticipación por la pareja líder. Si usted elije hacer muchas de las decisiones del grupo con anticipación, las secciones restantes de la reunión 1 pueden ser incorporadas en la segunda reunión.

Una perspectiva bíblica del matrimonio

Reunión

2

Capítulo 1

Objetivo de la reunión: Desafiar a las parejas a examinar lo sublime y santo de la visión del matrimonio presentados en la Biblia; y descubrir cómo, aplicando esas verdades bíblicas, pueden nutrir y hacer crecer un matrimonio que refleje la imagen de Dios.

Prepárese para dirigir

Notas del líder

- Asigne a alguno que prepare el café, agua, etc.
- Esté preparado para compartir qué fue lo que le gusto de su cónyuge "a primera vista".
- Pida a alguna persona que comparta uno o dos puntos de vista bíblicos nuevos descubiertos en este capítulo.
- Haga copias del folleto 3 "El hace - ella hace" para cada participante.
- Haga copias de la sesión 2 "Tome tiempo para ser un matrimonio" (folleto 4).

Capte el interés

Comparta brevemente qué fue lo que hizo que su cónyuge lo cautivara "a primera vista". Pida a cada pareja que reflexione en qué fue lo que les cautivó "a primera vista". Invite a las parejas a que compartan las respuestas con el grupo.

Trabajando juntos

Pida, a la persona con la cuál arregló con anterioridad, que comparta uno o dos puntos de vista bíblicos nuevos descubiertos mientras leían el capítulo.

Pregunte: "¿Hubo alguna verdad que usted ya creía y le ha sido confirmada?

Hable acerca del significado del término hebreo "ezer" (pp.14-17) en la idea tradicional que los hombres son dominantes de alguna forma.

Diga: "Nuestra sociedad está presta a ofrecer opiniones y sugerencias para los roles que piensan que los hombres y las mujeres deben jugar".

- Pida a los participantes que mencionen algunas de esas opiniones o sugerencias.
- Comparen esas opiniones o sugerencias con el punto de vista bíblico en Efesios 5:21-33 presentado en el libro de estudio (pp.26-28).
- Pregunte: "¿Cómo ha cambiado su comprensión acerca de la intención de Dios para el matrimonio?"

Tiempo en pareja

Distribuya el folleto 3 "El hace... ella hace". Instruya a las parejas para que completen el estudio y las preguntas para discusión.

Viendo hacia delante

Pida al grupo que lea el capítulo 2, "Los compromisos de un matrimonio perdurable." Sugiérales que hagan algunas notas para discutir o compartir con el grupo.

Distribuya el folleto 4 "Tome tiempo para ser un matrimonio" de la reunión 2. Anime a las parejas a hacer por lo menos una de las opciones antes de la próxima reunión.

Cierre

Termine con oración pidiendo a Dios que bendiga los matrimonios de las parejas que se han comprometido a participar en el estudio de este libro. Pida su divina presencia y las bendiciones mientras estas parejas trabajan para crear matrimonios de acuerdo a la voluntad de Dios.

Los compromisos de un matrimonio perdurable

Objetivo de la reunión: Desafiar a las parejas a examinar su propio compromiso personal con la relación matrimonial.

Prepárese para dirigir

- Asigne a alguno que prepare el café, agua, etc.
- Haga copias del folleto 5 "Los compromisos de un matrimonio perdurable" para ser distribuidos en la reunión.
- Tenga un cartelero, papel, papel para notas o una pizarra y marcadores.
- Haga copias del folleto 6 "Cómo lo estamos haciendo?" para cada participante.
- Haga copias de la reunión 3 "Tome tiempo para ser un matrimonio" (folleto 7).
- Contacte a su pastor para obtener nombres de algunas personas consagradas, con experiencia matrimonial, que tengan voluntad de entrar en una relación de mentores con parejas de su grupo de estudio. Estas parejas tienen que estar dispuestas a entrar en una relación de mentores que ofrecerá modelar, animar, poner metas y tener responsabilidad sobre los que en su grupo busquen relaciones con mentores.

Capte el interés

Pregunte: "¿Qué fue lo más loco o lo muy especial que usted hizo cuando se comprometió?"

Trabajando juntos

Presente el folleto 5: Los compromisos de un matrimonio perdurable.

Los compromisos de un matrimonio perdurable

1. Compromiso para ver el matrimonio de la manera que Dios lo ve.
2. Compromiso al matrimonio como una conexión de por vida.
3. Compromiso al alto valor de mantener las promesas.
4. Compromiso para rendir cuentas.
5. Compromiso de bendecir a los hijos con un núcleo familiar intacto.
6. Compromiso de honrar a su cónyuge por encima de cualquier otra relación.
7. Compromiso de servir a su cónyuge en vez de autogratificarse.

Diga: "Vamos a ver detenidamente los siete compromisos presentados en el capítulo dos del libro de estudio. Saquemos algunas ideas acerca de lo que plantean las amenazas más grandes de cada uno de estos compromisos". Escriba las respuestas en una cartulina rotafolio-cartelero, papel para notas o en una pizarra.

Tiempo en pareja

Distribuya a cada persona una copia del folleto 6 "¿Cómo lo estamos haciendo?" Diga: "Después de que ustedes, como pareja, completen este folleto, evalúen su propio esfuerzo a la luz de cada uno de estos siete compromisos completando este folleto".

Después de leer este capítulo, instruya a las parejas para que discutan las preguntas: ¿Qué ha estado listo a cambiar usted en su relación matrimonial? ¿Cuál sería su primer paso?"

Viendo hacia delante

Pida al grupo que lea el capítulo 3 "Comunicación básica en el matrimonio". Sugiérales que hagan algunas notas para discutir o compartir con el grupo.

Distribuya el folleto 7 "Tome tiempo para ser un matrimonio" de la reunión 3. Anime a las parejas a hacer por lo menos una de las opciones para la próxima reunión.

Tenga en cuenta a las parejas que parecen estar prosperando en el estudio. Envíeles una nota de agradecimiento incluyendo específicamente lo que usted ha visto y aprecia.

Igualmente a una pareja que haya batallado en su relación, envíele una nota para animarle y hacerle saber que usted se siente contento que ellos forman parte del grupo y que están en sus oraciones.

En su libro, The Marriage Mentor Manual (El manual del mentor matrimonial), Les y Leslie Parrott, co-directores del Centro para el desarrollo de relaciones, recomienda que los matrimonios (especialmente los recién casados) busquen una feliz pareja con más experiencia que esté dispuesta a entrar en una relación de mentores por un año. Esta pareja puede ayudar compartiendo recursos y experiencia de su relación. Haga una lista de matrimonios que estén dispuestos a servir como mentores, para que estén disponibles para los matrimonios de su grupo de estudio.

Cierre

Pida a Dios su ayuda para que los que llevan este estudio se conviertan en parejas de promesa. Ore para que las parejas reafirmen su compromiso entre sí. Ore para que ellos se comprometan a trabajar juntos para hacer que su matrimonio sea fuerte, seguro y bendito.

Comunicación básica en el matrimonio

Objetivo de la reunión: Ayudar a las parejas a evaluar su destreza para comunicarse, y construir mejores hábitos para compartir, atender y escuchar.

Prepárese para dirigir

- Asigne a alguna persona que prepare el café, agua, etc.
- Haga copias del folleto 8, "¿Realmente dijo eso?"
- Pida a alguno de los miembros del grupo que lea "¿Realmente dijo eso?" (Folleto 8).
- Haga copias del folleto 9 "¿Cuál es mi nivel de comunicación?" para cada participante.
- Haga copias del folleto 10, "Tome tiempo para ser un matrimonio" de la sesión 4.

Capte el interés

Pida a algún miembro del grupo que presente "¿Realmente dijo eso?"

¿Realmente dijo eso?

Los siguientes errores a menudo aparecen en boletines de las iglesias.

- No deje que la preocupación lo mate... Deje que la iglesia le ayude.
- Jueves en la noche cena de platos diversos. Le sigue la oración y la medicación.
- Este domingo de resurrección le pediremos a la señora Lewis que pase al frente y deposite un huevo en el altar.

- Las damas de la iglesia tienen puesta ropa usada de toda clase, pueden verlas en el sótano de la iglesia el sábado.

- La reunión de pacificadores programada para hoy ha sido cancelada debido a un conflicto.

- El próximo jueves habrá pruebas para el coro. Ellos necesitan toda la ayuda que puedan obtener.

- Bárbara permanece en el hospital. Ella tiene problemas para dormir y quiere que le lleven copias de los sermones del pastor Jack.

- Damas, no se olviden de la venta de cosas usadas. Es la oportunidad de deshacerse de esas cosas que no tienen valor y que están guardadas en su casa. No olviden a sus esposos.

- El masaje nocturno es a las 6:00 p.m.

- El Rev. Merriwether habló brevemente, para deleitar a su audiencia.

- Durante la ausencia del pastor, disfrutamos el raro privilegio de escuchar un buen sermón cuando J.F. Stubbs lo supla en el púlpito.

- El pastor está de vacaciones. Pueden darle los masajes a la secretaria de la iglesia.

- Un agradecimiento especial a la hija del ministro que laboró toda la noche en el piano que, como de costumbre, cayó sobre ella.

- El pastor predicará su mensaje de despedida, luego el coro cantará "Has cambiado mi lamento en gozo".

Después de haber compartido los errores, diga: "A veces la ortografía o gramática o la forma como se escriben las palabras producen resultados no deseados. La mala comunicación ocurre en todos los ámbitos de nuestra vida. La mala comunicación es a veces divertida pero siempre frustrante. Si bien estos chistes de anuncios son divertidos, la mala comunicación en un matrimonio puede tener serias consecuencias. En el matrimonio, la mala comunicación puede terminar con el gozo. Veamos cómo podemos comunicarnos mejor con nuestro cónyuge".

Trabajando juntos

Ha pensado el grupo qué significa la frase "problemas de comunicación" o "comunicación pobre".

Expertos en el matrimonio concuerdan que la buena comunicación es vital para un matrimonio feliz y satisfecho. Haga que el grupo discuta cómo, la amonestación de Pablo de "vivir la verdad en amor" (Efesios 4:15), es un ingrediente clave para la buena comunicación.

Pegunte: "¿Se sorprendió usted al leer que el 85% de la comunicación no es verbal?" Comparta alguna comunicación no verbal que usted y su cónyuge usan. Pregunte si alguno del grupo quiere compartir alguna de las formas "no verbales" de comunicación que ellos usan. Haga de ésta una actividad divertida compartiendo gestos (miradas, expresiones faciales, etc.).

Pregunte, ¿cómo la retroalimentación (dar gracias, aclarar, preguntar, revisar las inconsistencias) es importante para una buena comunicación?

Tiempo en pareja

Distribuya a cada participante una copia del folleto 9 "¿Cuál es mi nivel de comunicación?" Pida a las parejas que completen individualmente la hoja de trabajo y luego compartan juntos las conclusiones.

Viendo hacia delante

Pida al grupo que lea el capítulo 4, "El camino hacia la resolución del conflicto". Sugiérales que hagan algunas notas para discutir o compartir con el grupo.

Distribuya el folleto 10 "Tome tiempo para ser un matrimonio" de la reunión 4. Anime a las parejas a completar ambas tareas antes de la próxima reunión.

Cierre

Termine con una oración pidiendo a Dios que sea con las parejas mientras trabajan para mejorar su comunicación en sus matrimonios. Pida a Dios que les "regale" a las parejas una comunicación productiva, amorosa y de acuerdo a la Palabra de Dios.

El camino hacia la resolución del conflicto

Capítulo 4

Objetivo de la reunión: Ayudar a las parejas a darse cuenta que el conflicto es normal en el matrimonio y ayudarlos a resolver el conflicto en una manera saludable y constructiva.

Prepárese para dirigir

Notas del líder

- Asigne a alguno que prepare el café, agua, etc.
- Esté preparado o haga arreglos para que una pareja comparta brevemente los incidentes que los llevaron a un conflicto el día de la boda.
- Haga copias del folleto 11, "Viernes en la noche, acaban de pagar".
- Asigne a alguno para que lea "Viernes en la noche, acaban de pagar" (Folleto 11).
- Haga copias del folleto 12 "El conflicto en mi matrimonio es normal" para cada participante.
- Haga copias del folleto 13 "Tome tiempo para ser un matrimonio" de la sesión 5.

Capte el interés

Escoja una de las siguientes opciones.
- Comparta con el grupo (o asigne de antemano a una pareja) el momento más memorable del día de su boda que resultó en conflicto.
- Pida a algún miembro del grupo que presente la historia humorística "Viernes en la noche, acaban de pagar" (Folleto 11).

Viernes en la noche, acaban de pagar

Un hombre fue a trabajar un viernes por la tarde. Era día de pago, así que en lugar de regresar a su casa,

25

se quedó -todo el fin de semana- de fiesta con sus amigos gastando todo el dinero que le habían pagado.

Cuando finalmente el domingo por la noche se apareció en su casa, fue confrontado por su enojada esposa quien lo bombardeó por cerca de dos horas con una perorata digna de sus acciones.

Finalmente su esposa paró de regañarlo y le preguntó: "¿Qué te parecería si no me vieras por dos o tres días?"

Él le respondió: "Por mí estaría bien".

Pasó el lunes y él no vio a su esposa.

Pasó el martes y tampoco vio a su esposa.

Pasó el miércoles y de nuevo no vio a su esposa.

El jueves, la inflamación bajó lo suficiente como para que él pudiera verla un poquito con su ojo izquierdo.

Diga: "Aunque el conflicto en el matrimonio es normal, el tratar con ese conflicto a la manera de Dios, es una habilidad que llevará tiempo y práctica.

Trabajando juntos

Pida al grupo que piense cómo sus padres resolvieron los conflictos en sus relaciones.

Pregunte: "¿Fue su hogar escandaloso, turbulento o tranquilo y controlado? ¿Qué tan diferente fue la experiencia de su cónyuge en el hogar en que creció? ¿Qué clase de desafío le ha presentado esto a usted?"

Pegunte: "¿Qué cambios le ha motivado a hacer este capítulo, en su actitud y comportamiento hacia los conflictos en su matrimonio y su resolución?"

Continúe recordando a las parejas que el conflicto es parte normal de cualquier relación. Revise y discuta los pasos que el libros de texto sugiere para una resolución efectiva del conflicto.

Paso 1: La preparación efectiva (Abnegación, amor genuino y respeto por su cónyuge y flexibilidad).

Paso 2: Tome tiempo (Ponerse de acuerdo ambos, amable y tranquilamente).

Paso 3: Aplique las declaraciones básicas, sea un buen oyente, empático, use "yo", sea positivo, manténgase en la pista, sea proactivo).

Paso 4: Identifique el problema.

Paso 5: Tome responsabilidad personal.

Paso 6: Explore y analice los intentos de soluciones anteriores.

Paso 7: Sea creativo y flexible con las soluciones.

Paso 8: Explore las soluciones.

Tiempo en pareja

Distribuya copias del folleto 12 "El conflicto en mi matrimonio es normal". Pida a las parejas que individualmente completen la hoja de trabajo y luego compartan y discutan juntos las respuestas.

Viendo hacia delante

Pida al grupo que lea el capítulo 5, "Control del estrés en el matrimonio." Sugiérales que hagan algunas notas para discutir o compartir con el grupo.

Pida a los miembros que se preparen para compartir en la próxima reunión alguna vez cuando sintieron que su matrimonio estaba más amenazado. ¿Fue una crisis repentina o solamente el proceso largo y debilitante de una tensión crónica?

Distribuya el folleto 10 "Tome tiempo para ser un matrimonio" de la sesión 5. Anime a las parejas a completar las tareas antes de la próxima reunión.

Cierre

Ore pidiendo a Dios que pueda usar la información conseguida en esta reunión para traer solución saludable a los conflictos en los matrimonios del grupo. Pida a Dios guía y protección mientras ellos tratan con los problemas que están causando conflicto en sus matrimonios

6

Capítulo 5

Control del estrés en el matrimonio

Objetivo de la reunión: Ayudar a las parejas a entender que el estrés es una experiencia común e inevitable en el matrimonio, y darles maneras para manejarlo.

Prepárese para dirigir

Notas del líder

- Asigne a alguno que prepare el café, agua, etc.
- Haga una copia del folleto 14, "La esposa".
- Asigne a alguno para que lea "La esposa" (Folleto 14).
- Esté preparado o haga arreglos para que una pareja comparta acerca de sus vacaciones y cómo esto impactó su perspectiva en la vida, nivel de estrés, etc.
- Esté preparado o haga arreglos para que una pareja comparta acerca de alguna situación "tsunami" que hayan experimentado en su matrimonio.
- Esté preparado o haga arreglos para que una pareja hable acerca de una "ola de calor" que hayan experimentado en su matrimonio.
- Consiga tres pelotas u otros objetos que no se quiebren para que cada pareja use en el "Acto de malabarismo".
- Tenga disponible papel y lápiz para que las parejas hagan una lista de prioridades (vea el Acto de malabarismo").
- Haga copias el folleto 15 "Tome tiempo para ser un matrimonio" de la sesión 6.

Capte el interés

Escoja una de las siguientes opciones.

- Cuente (o asigne de antemano a una pareja) las vacaciones o el viaje más sobresalientes que hayan tenido. Comparta cómo esto impactó su perspectiva en la vida, nivel de estrés, etc.

- Pida a algún miembro del grupo que lea la historia "La esposa" (Folleto 14).

La esposa

Una mujer acompañó a su esposo a la oficina del doctor. Después de un chequeo, el doctor llamó a la esposa para hablarle a solas.

Él le dijo: "Su esposo está sufriendo de un desorden muy severo de estrés. Si usted no sigue mis instrucciones cuidadosamente, su esposo seguramente morirá".

"Cada mañana hágale un desayuno saludable" continuó. "Sea complaciente todo el tiempo. Para el almuerzo hágale una comida nutritiva. Para la cena prepare una buena y especial comida para él". No lo cargue con quejas. No discuta sus problemas con él; esto sólo lo hará estresarse más. No lo regañe. Y lo más importante, haga el amor con él regularmente".

"Si usted puede hacer esto por los próximos 10 meses a un año, yo pienso que su esposo recuperará su salud completamente".

En el camino de regreso a la casa, el esposo le preguntó a su esposa: "¿Qué dijo el doctor?"

Ella respondió: "Él dijo que te vas a morir".

Diga: "Esperamos que mientras usted lee el capítulo esta semana y mientras discute este capítulo, podamos encontrar mejores soluciones para el estrés".

Que el grupo participe en el ejercicio sugerido para bajar el estrés, el cual aparece en la página 90 del libro:

Baje los hombros y deje que sus codos reposen en los huesos de sus caderas. Luego cierre su boca (con los hombros relajados), y respire profundamente por la nariz desde el diafragma. Haga diez respiraciones profundas. Deje que su cabeza caiga hacia su pecho para relajar los músculos del cuello. Permita que sus manos y brazos caigan a los costados. Progresivamente tense y luego relaje los músculos en su cuerpo, comenzando con sus pies y trabajando hacia arriba.

Trabajando juntos

Que una pareja (puede ser usted y su cónyuge) comparta acerca de alguna vez en que sintieron la amenaza de un "tsunami". Pregunte: "¿Cómo respondió usted al estrés?" "¿Qué notó usted en su cónyuge durante el estrés?"

Que una pareja (puede ser usted y su cónyuge) hable acerca de alguna "ola de calor" que experimentaron en el matrimonio. Pregunte: "¿Cómo respondió usted al estrés?" "¿Qué notó usted en su cónyuge durante el estrés?"

Revise y discuta "El método AAA" para manejar el estrés (pp.99-104).

Anticipe

Admita

Ajuste

Tiempo en pareja

Acto de Malabares. Distribuya tres pelotas pequeñas u otros artículos pequeños que no se quiebren) a cada pareja. Que uno de cada pareja principie por tirar y agarrar una pelota a la vez. Agregue una segunda pelota y entonces la tercera (si fuera posible). Ahora que la otra persona pruebe a hacer lo mismo.

Después que la pareja haya "probado" a mantener las tres bolas jugando al mismo tiempo, diga: "Probar a hacer malabares es similar a manejar las responsabilidades matrimoniales de día a día.

Distribuya papel y lápices. Que las parejas recopilen una lista de las responsabilidades de cada día que les toca "hacer malabares". Pida que ellos las pongan en una lista de prioridades. Instruya que ellos dialoguen acerca de cómo pueden ayudarse mutuamente para eliminar algo de su estrés.

Listo (o no) Aquí viene. Describa tan cuidadosa y específicamente como pueda qué intenta hacer para prepararse para el próximo: Tsunami. En la próxima "ola de calor", ¿qué necesitará usted de su cónyuge?

Viendo hacia adelante

Pida al grupo que lea el capítulo 6, "Edificando y manteniendo una relación íntima." Sugiérales que hagan algunas notas que podrían discutir o compartir con el grupo.

Distribuya el folleto 15 "Tome tiempo para ser un matrimonio" de la reunión 6. Anime a las parejas a completar las tareas antes de la próxima reunión.

Cierre

Ore admitiendo la realidad del estrés en nuestro mundo. Pida a Dios gracia y paz sobre las parejas mientras ellas luchan con el estrés diario. Ore pidiendo a Dios su misericordia y fortaleza para los inesperados tsunamis que vendrán a sus vidas.

7

Capítulo 6

Edificando y manteniendo una relación íntima

Objetivo de la reunión: Ayudar a las parejas a comprender la necesidad de construir una relación saludable, significativa e íntima en su matrimonio.

Prepárese para dirigir

Notas del líder

- Asigne a alguno que prepare el café, agua, etc.
- Haga una copia del folleto 16 "Los buenos días del pasado".
- Asigne a alguno para que lea "Los buenos días del pasado" (Folleto 16).
- Esté preparado o haga arreglos anticipadamente para que una pareja comparta los momentos "más locos" de su luna de miel.
- Asigne a alguna persona para que lea: 1 Corintios 11:11-12; Proverbios 18:22; Proverbios 31:10-12; Proverbios 31:26-28; Efesios 5:33; Filipenses 2:3-4 y 1 Corintios 7:3-5.
- Haga copias para cada persona del folleto 17 "¿Cómo está nuestra intimidad?"
- Haga copias del folleto 18 "Tome tiempo para ser un matrimonio" de la sesión 7.

Capte el interés

Escoja una de las siguientes opciones.
- Tenga lista a una persona para que lea la historia: "Los buenos días del pasado" (Folleto 16).

Los buenos días del pasado

El abuelo y la abuela estaban sentados en sus mecedoras en el pórtico, viendo la bella puesta del sol y haciendo recuerdos acerca de "aquellos buenos días del pasado". De pronto la abuela se volteó hacia el abuelo y le dijo: "Cariño, ¿recuerdas cuando comenzamos a salir juntos y acostumbrabas como por casualidad tomarme de mi mano?"

El abuelo la miró, sonrió y obligadamente le tomó la mano. Con una sonrisa irónica, la abuela lo presionó un poquito más allá: "Cariño, ¿recuerdas que luego que nos comprometimos, a veces te recostabas sobre mí y de repente me dabas un beso en la mejilla?"

El abuelo se recostó lentamente sobre la abuela y le dio un prolongado beso en su arrugada mejilla.

Aumentando su atrevimiento de manera tranquila, la abuela dijo: "Cariño, ¿recuerdas que cuando nos acabábamos de casar, tú tiernamente me dabas un mordisco en la oreja?"

El abuelo lentamente se levantó de su mecedora y caminó hacia la casa. Alarmada la abuela le dijo: "Cariño, ¿a dónde vas?"

El abuelo le respondió: "¡Voy a buscar mis dientes!"

Diga: "Actos de amor y cuidado son la verdadera base de una relación perdurable e íntima.

• Comparta o pida a una pareja que comparta los momentos "más locos" de su luna de miel. Después de haber compartido un número apropiado de "momentos de luna de miel" diga: "Los momentos que uno comparte son uno de los bloques que construyen la intimidad. Veamos los otros elementos para una intimidad verdadera y perdurable".

Trabajando juntos

Revise los cinco tipos de intimidad (intelectual, social, emocional, espiritual y física) discutidos en el texto (pp.109-110). Discuta cómo el mundo secular ve el asunto de la intimidad total en una forma diferente.

"Qué evidencia sostiene la perspectiva secular? ¿Qué tan susceptibles piensa usted que son los cristianos de pensar y actuar en forma similar?

Lea y discuta las siguientes premisas bíblicas del matrimonio:

Dios nos hizo interdependientes (1 Corintios 11:11-12).

Los hombres son bendecidos por sus esposas y debemos agradarlas, honrarlas y amarlas (Proverbios 18:22 y 31:10-12).

Las mujeres son bendecidas por sus esposos y debemos agradarlos, honrarlos y amarlos (Proverbios 31:26-28 y Efesios 5:33).

Esposas y esposos deben velar mutuamente por sus intereses. (1 Corintios 7:3-5; Efesios 5:33 y Filipenses 2:3-4).

Tiempo en pareja

Instruya a las parejas que les recuerden a sus cónyuges qué fue lo que encontraron atractivo de él o de ella. Diga: Afirme lo significante que es para usted como su compañero o compañera en la vida".

Distribuya test "¿Cómo está nuestra intimidad?" (Folleto 17). Después de completar el test, pida a las parejas que discutan las respuestas con su cónyuge.

Viendo hacia adelante

Pida al grupo que lea el capítulo 7, "Encuentre la intimidad espiritual en su matrimonio". Sugiérales que hagan algunas notas para discutir o compartir con el grupo.

Distribuya el folleto 18 "Tome tiempo para ser un matrimonio" de la sesión 7. Anime a las parejas a completar las tareas antes de la próxima reunión.

Cierre

Ore para que las parejas encuentren una mutua realización, satisfacción y armonía en su matrimonio. Ore para que Dios les revele a cada pareja su divino plan para el matrimonio.

Reunión

8

Capítulo 7

Encuentre la intimidad espiritual en su matrimonio

Objetivo de la reunión: Ayudar a las parejas a construir una relación fuerte dándoles las herramientas que les ayudarán a aprender a compartir y llegar a ser espiritualmente íntimos.

Prepárese para dirigir

- Asigne a alguno que prepare el café, agua, etc.
- Haga una copia de "El pastor y los huevos" (Folleto 19).
- Asigne a alguno para que lea el relato: "El pastor y los huevos" (Folleto 19).
- Esté preparado o haga arreglos con anticipación para que una pareja comparta la cosa más inusual que les ha pasado en la iglesia.
- Usando pedazos de cartulina o cartón, elabore tres letreros Dios, esposo, esposa.
- Esté preparado o haga arreglos previos para que una pareja comparta cómo su matrimonio se ha beneficiado de la intimidad espiritual.
- Asigne a alguno para que lea: 1 Corintios 13:4-13 y Efesios 5:21-33.
- Tenga a la mano cartulina, papel o pizarra y marcadores.
- Haga copias del folleto 20 "Planificando una intimidad espiritual" para cada pareja.
- Haga copias del folleto 21 "Tome tiempo para ser un matrimonio" de la sesión 8.

Capte el interés

Escoja una de las siguientes opciones.

• Comparta el relato: "El Pastor y los huevos" (Folleto 19).

El pastor y los huevos

Un domingo en la mañana, antes de ir a la iglesia, el anciano pastor estaba buscando su corbata en el ropero. En la parte de atrás del ropero, encontró una caja pequeña conteniendo tres huevos y 100 billetes de $ 1.00. Llamó a su esposa y le preguntó acerca de la caja y su contenido.

Muy avergonzada, ella admitió haber escondido esa caja allí durante los 45 años que tenían de matrimonio.

Decepcionado y herido, el pastor le preguntó: "¿Por qué?" La esposa le contestó: "Yo nunca quise herir tus sentimientos".

Confundido el pastor preguntó: "¿Cómo podía la caja y su contenido haber herido mis sentimientos?"

La esposa le contestó: Durante nuestro matrimonio cada vez que tú predicaste un sermón pobre, yo deposité un huevo en la caja".

Pensando que tres sermones pobres en 45 años eran ciertamente casi nada para sentirse triste, él le preguntó: "¿Y de dónde vinieron los $ 100.00 dólares?

Ella respondió: "Cada vez que se hacía una docena de huevos, yo los vendía a mis vecinos por $ 1.00".

Diga: "La intimidad espiritual está basada en la transparencia y la verdad. Mientras este relato nos resulta divertido, ¿cómo piensa usted que el pastor se sintió por la colección de huevos de su esposa? ¿Piensa usted que la confianza hacia su esposa creció o disminuyó debido a la colección de huevos de ella?" ¿Qué métodos pudo haber usado ella para canalizar sus sentimientos en una forma más beneficiosa?"

• Invite a las parejas que cuenten acerca de la cosa más divertida o inusual que les haya acontecido en la iglesia.

Distribuya los rótulos (Dios, esposo, esposa) y pida voluntarios para colocarse formando un triangulo. Mientras usted presenta la siguiente idea, que el "esposo" y "la esposa" se muevan en dirección de "Dios".

Diga: "En física, una ley establece que cuando dos objetos se acercan a un tercer objeto, ellos están más cerca el uno del otro. Así es en el matrimonio, cuando las dos partes buscan al Señor ellos descubren que están acercándose más el uno al otro.

Que una pareja (o usted y su cónyuge) compartan los beneficios de desarrollar una intimidad espiritual.

Trabajando juntos

Pida al grupo que cierre sus ojos y visualice el matrimonio cristiano ideal, como se lee en 1 Corintios 13:4-13 y Efesios 5:21-33.

Diga: Pablo sugirió que la relación matrimonial puede ser el reflejo terrenal de la relación de Cristo con nosotros. Pida voluntarios que mencionen las características de un matrimonio cristiano ideal. Escriba las respuestas en una cartulina, papel o en una pizarra. Las respuestas deben incluir: Amor sacrificial, mansedumbre, bondad, compasión, humildad y perdón.

Cuando la lista esté completa, pida al grupo que responda a las siguientes preguntas:

¿Con qué característica o características sería más fácil vivir?

¿Qué características serían más difíciles de medir?

¿Por qué es difícil para las parejas medir este ideal?

Pregunte: "¿Cuál piensa usted que es el obstáculo más grande que la mayoría de la gente encuentra en sus intentos de construir y mantener la intimidad espiritual en sus relaciones matrimoniales? ¿Cuáles son algunas cosas que podemos hacer para contrarrestar estos obstáculos?"

Tiempo en pareja

Indique a las parejas que, cuidadosa y personalmente, evalúen su relación con su cónyuge. Pregunte: "¿Puede pensar en alguna vez reciente cuando usted sostuvo sus derechos en lugar de habérselos rendido al Señor? Puede que usted, enojado, haya golpeado a su cónyuge o le haya tratado con frialdad e indiferencia? Si es así, pida a su cónyuge que le perdone".

Pida a las parejas que hablen por unos momentos acerca de cómo les gustaría ver a Cristo más claramente reflejado en su matrimonio. Pida a las parejas que tengan juntos un tiempo de oración.

Distribuya el folleto 20: "Planificando la intimidad espiritual".

Viendo hacia adelante

Comparta los planes que se han hecho para la reunión de "Celebración del matrimonio".

Distribuya el folleto 21, "Tome tiempo para ser un matrimonio" de la reunión 8. Anime a las parejas a completar las tareas antes de la próxima reunión.

Cierre

Ore para que quienes están en su grupo crezcan espiritualmente, no sólo individualmente sino como pareja. Ore para que Dios ayude a las parejas a acercarse mientras buscan la dirección de Dios para su relación.

Reunión

9

Reunión de cierre: Finalizando con estilo

Objetivo de la reunión: Concluir las reuniones y ayudar a los participantes a celebrar su matrimonio.

Prepárese para dirigir

Notas del líder

- Si escoge un comité pare planificar esta reunión, revise con ellos durante la semana y asegúrese que tienen todo lo que necesitan para la reunión de celebración del matrimonio.
- Planifique que esta reunión dure dos horas en lugar de noventa minutos.
- Si tiene planes para tener una ceremonia de renovación de votos, contacte a su pastor para hacer los arreglos.
- Si tiene planes para hacer un video, prepare a una persona para que haga la grabación.
- Si planea hacer la actividad de escribir una carta, tenga papel y lápices para las parejas.

Ideas para la celebración del matrimonio:

Compartan una comida juntos (pueden comprar comida hecha o que cada matrimonio lleve un platillo, o ir a un restaurante, etc.).

Permita que los miembros del grupo hablen abiertamente acerca de su experiencia de aprendizaje a través de las ocho semanas de estudio.

Invite a los miembros del grupo que participen en una ceremonia de renovación de votos.

Con las parejas participantes, haga un video testimonial. Haga planes para usar el video en un culto en su iglesia.

41

Invite a las parejas a escribir una carta para sus hijos acerca de los elementos esenciales en el matrimonio. Esta carta la puede guardar y entregársela a sus hijos antes de que se casen.

Haga planes para reunirse en tres meses, en seis meses, y anualmente para compartir cómo ha progresado la relación matrimonial.

Invite a los miembros del grupo a afirmar lo que han visto y oído de los matrimonios compañeros y el impacto positivo que eso ha tenido en sus matrimonios.

Apéndices

Apéndice 1

Inventario personal de liderazgo

Hágase las siguientes preguntas:

- ¿Cómo caracterizaría mi relación con Cristo en este punto de mi vida? ¿Qué diría mi cónyuge acerca de eso?
- Si midiera mi matrimonio en una escala de 1 (lo más malo que ha estado) a 10 (lo mejor que ha estado) ¿en dónde caería esta medición?
- ¿Cuáles son los puntos fuertes de mi relación matrimonial?
- ¿En dónde pienso que todavía hay trabajo por hacer?
- ¿Qué tan dispuesto estoy a ser transparente acerca de cómo mi relación matrimonial se ha desarrollado durante todos estos años?
- ¿Hay áreas de mi relación matrimonial que para mí sería incómodo discutir?
- ¿Cómo respondería mi cónyuge a estas mismas preguntas?

Apéndice 2

Haciendo a un buen líder de grupo

Los buenos líderes tienen conocimiento de las dinámicas de grupo. No es necesario ser un experto en esta área, pero un conocimiento rudimentario de cómo trabajan los grupos será de ayuda. Revisar constantemente algunos de los principios subrayados en estos recursos ayudará a alcanzar esta meta.

¿Ha pensado alguna vez usted en que podría ser pastor? La palabra realmente connota a un pastor de ovejas. ¿Qué tan diestro es usted para cuidar y alimentar a su rebaño? Todo esto tiene que ver con mantener relaciones y alimentar a los que están en su grupo. De las experiencias pasadas, usted puede ya saber que la mayoría de los grupos tienen tanto ovejas como cabras. Las ovejas son generalmente sumisas, condescendientes y aprecian el esfuerzo del pastor. Las cabras pueden ser testarudas, independientes y pueden a veces ser resistentes al liderazgo del pastor. ¿Puede usted ser imparcial al trabajar con ambas? Una parte del pastorado puede incluir algunos contactos con miembros del grupo fuera de las reuniones programadas. ¿Cómo encontrará tiempo para permitir esos encuentros?

Los buenos líderes de grupo modelan las reglas de juego y esperan que la gente en el grupo los observe. La consistencia en modelar lo que usted requiere del grupo es crucial. Si usted compromete cualquiera de las expectativas que tiene del grupo, usted puede encontrar difícil recuperarlo. No tenga miedo de reiterar gentilmente las reglas de juego (folleto 1) en las primeras dos o tres reuniones hasta que usted esté seguro que cada uno las ha entendido y las sigue. Si usted tiene a alguno que constantemente viola cualquiera de ellas, tome tiempo para hablarle al ofensor privada y cortésmente fuera del grupo.

Cuatro componentes para la vida de grupos pequeños

El papel del líder del grupo es facilitar la reunión alrededor de los siguientes cuatro componentes y pastorear a los participantes en medio de las reuniones. El líder del grupo es quien está al frente cuidando cuando un miembro del grupo tiene una crisis, juntamente con los miembros del grupo y el personal de la iglesia que juegan un papel de soporte durante la crisis. Usted debe guiar su grupo a:

- Amar cuidando uno de otro y compartiendo en la vida de cada uno a través de su consideración, oración y actos intencionales.
- Aprender experimentando un conocimiento creciente de Dios y de ellos mismos.
- Decidir como grupo acerca de las actividades y horarios.
- Participar juntos en actividades u oportunidades de ministerio.

Un buen líder crea un ambiente de autenticidad y confianza en sí y en una abierta exposición dinámica del proceso del grupo. Tenga una idea acerca de qué le gustaría que pase relativo a las actividades y decisiones del grupo, pero sea lo suficientemente flexible para permitir sugerencias del grupo cuyas ideas pueden diferir de las suyas. Cerca del final del estudio, determine una actividad (vea reunión 9) que les ayude a concluir la experiencia.

La siguiente información le será de ayuda a usted mientras facilita la discusión del grupo, las actividades y otro tipo de interacción.

Facilitando la dinámica de discusión (PAVR)

Permita que cada uno hable durante una discusión. Aun si varios hablan a la vez, esté seguro que reconoce a cada uno. El comportamiento no verbal (lenguaje del cuerpo, tono de voz) comprende más de un 90 por ciento de lo que se comunica, así es que ponga cuidadosa atención a esto.

Aclare lo que se está diciendo y sintiendo: "Escuché que usted dijo esto" o "Déjeme ver si entendí lo que usted está diciendo" y entonces parafrasee lo que escuchó.

Vuelva el asunto al grupo como un medio para generar discusión, impide que el facilitador se convierta en la persona que responde. Pregunte al grupo: "¿Cómo les afecta a ustedes esto?" o "¿Han encontrado ustedes alguna vez una situación similar?" o

"¿Les molestaría si les pregunto a los otros cómo se sienten (o qué piensan) acerca de esto?"

Resuma lo que se ha dicho: "Hasta aquí parece que lo que hemos estado diciendo" o "¿Piensan ustedes que podemos resumir la discusión a este punto?"

Facilitando la discusión por medio de preguntas

Las preguntas invitan a la participación y son un contraste para las declaraciones las cuales a veces pueden venir como categóricas, críticas y juicios. Desarrollar la destreza de hacer preguntas correcta en el momento oportuno crea un ambiente abierto y cómodo para que el grupo comparta.

Las preguntas de apertura permiten al grupo entrar en calor, conocerse mejor el uno al otro, y acostumbrarse a los estilos y personalidades de los miembros del grupo.

El lanzar preguntas está diseñado para facilitar interacción y retroalimentación adicional al grupo. Las preguntas se forman alrededor de: "¿Qué tanto sé?" "¿Qué siento yo?" o "¿Qué debo hacer?"

Las preguntas guiadas están diseñadas para guiar la discusiones en cierta dirección o hacer que una discusión regrese a su lugar. Usted puede:

- Reformular la pregunta: "Parece que usted está preguntando ¿cómo podemos desarrollar la confianza como grupo?"
- Personalizar la pregunta: ¿Cómo podría usted responder si se le hubiera hecho la misma pregunta?"
- Examinar el consenso: "¿Estamos diciendo que ésta es la forma en que cada uno debe responder?"

Resumir las preguntas y afirmar los comentarios deben ser dados con un buen gesto y una sonrisa: "Gracias por compartir" o "Es algo que no había pensado o no había notado antes" o "Ese es un buen punto. ¿Hay también otros pensamientos?"

Las preguntas de aplicación mueven la discusión de la especulación a un cambio activo: "Aquí hay algunas cosas que voy a hacer como resultado de nuestra discusión de esta noche" o "Qué diferencia hará esto en su vida?"

Promueva la discusión con respuestas apropiadas

Su habilidad para modelar las respuestas será de ayuda y permitirá a los participantes que desarrollen un sentido de confianza y seguridad en el grupo. Modele el uso de afirmaciones usando "yo": "Yo pienso" o "yo quiero." Evite el uso del editorial: "Debemos" o "debiéramos".

Esté dispuesto a permitir diferentes perspectivas. Generalmente cuando la gente está compartiendo sus pensamientos, sentimientos y percepciones en un grupo, las respuestas no son correctas. Evite la tentación de demostrar ser el experto dando una reacción fuerte cuando alguno intente compartir. Encuentre lo que es pertinente a la discusión, y sea capaz de enfatizarlo verbalmente.

Evite el uso de respuestas sobresalientes: "Si usted estuviera en una situación similar cómo respondería?" o respuestas limitantes: "¿Qué ve usted como la principal prioridad aquí?"

Trate de usar los siguientes tipos de respuestas mientras usted guía la discusión:

Las respuestas afirmativas destacan el valor de cada persona y promueven el sentimiento de seguridad cuando los miembros del grupo arriesgan la vulnerabilidad de compartir genuinamente y abiertamente. Las respuestas afirmativas envían una fuerte señal a cada persona que ha escuchado, entendido y respetado. Por ejemplo: "Puedo decir que ésta ha sido una experiencia dolorosa para usted. Realmente aprecio su disposición de correr el riesgo de contarnos acerca de eso".

Las respuestas participativas dan valor a la persona e invitan a otros a unirse al proceso. Ellas crean un sentido de comunidad y no dejan desconcertado, avergonzado o aislado a quien responde: "¡Es una gran visión! ¿Puede compartirnos cómo llegó a esa conclusión?" O "¿Cómo han manejado alguno de ustedes esa mismo tipo de situación?"

Parafraseando las respuestas le permite a usted repetir en sus propias palabras las respuestas de otro y les permite a ellos compartir más profundamente. Esto resume lo que se ha escuchado y permite al grupo explorar los pensamientos, sentimientos y acciones personales: "Fue un desafío muy complicado el que afrontó. ¿Cómo trata ahora con similares situaciones que ocurren?" o "¡Fue un increíble avance que usted experimentó! ¿Qué clase de cambio le ha traído?"

Promoviendo buenas habilidades para escuchar

Oyentes pasivos vs. Oyentes activos

	Oyentes pasivos	Oyentes activos
Actitud	De rechazo, crítica. *"Realmente no estoy interesado".*	Receptiva, de aceptación. *"Realmente quiero oír".*
Enfoque	En mí, qué quiero decir. *"¿Qué pienso yo?"*	En otras personas, usted piensa en lo que otras personas están diciendo. *"¿Qué quiere decir?"*
Respuesta	Esto es en lo que he estado pensando. *"Yo creo que usted debe…"*	Aclara primero lo que usted ha escuchado de lo que la otra persona dijo. *"Usted piensa…"* *"Usted siente que…"*
Mensaje	Lo que usted dijo no es importante. *"Realmente no escuché lo que dijo".*	Usted escuchó ambos, el sentimiento y la necesidad en el mensaje. *"Escuchó lo que está diciendo".*
Resultados	El conferencista experimenta frustración y cólera. *"No me importa",* lo que el oyente comunica.	El conferencista está deseoso compromiso o decir más. El oyente dice: *"Me importa lo que usted dice".*

Consideraciones especiales

Manejar el conflicto. Si la tensión se produce durante una reunión, puede a menudo disminuirla usando declaraciones con "yo" acerca de sus propios pensamientos y sentimientos o usando algunas de las ideas previamente mencionadas, de preguntas o respuestas.

Si se produce el conflicto fuera del grupo y un participante ha venido con la queja, use esto como una oportunidad para ayudar al quejoso a ir con el ofensor con su inquietud. Evite manejar la tensión poniéndose en medio. Ésta es una manera garantizada en que el conflicto no será resuelto, y alguno estará muy molesto con usted.

Cuidar de los que están en crisis. Usted puede tener en su grupo una pareja que está pasando por alguna crisis matrimonial. Animarlos a buscar ayuda terapéutica fuera del grupo es un excelente movimiento de parte del líder.

Un participante dominante. Algunos participantes pueden dominar con excesiva verbosidad. Es perfectamente permitido que lo interrumpa cortésmente. Complemente su pasión por el tema, pero indique que otros necesitan tener la opción de expresar sus percepciones: "Me gusta lo que estoy escuchando de usted. Déjeme regresar con usted en un minuto. Estoy curioso por saber qué piensan otros acerca de esa misma cosa".

Una palabra de advertencia

Esté conciente de posibles situaciones fuera de lugar o inapropiadas. Una de las maneras para evitar esto es señalarlo desde el inicio, franca pero gentilmente. Anime a las personas que están luchando con algunos problemas matrimoniales que busquen un pastor, un terapeuta o alguna persona del mismo sexo con quien trabajar. Es una "receta para desastres" cuando un hombre con problemas en su matrimonio encuentra a una mujer que tiene la voluntad de escuchar a otro miembro del grupo quien se convierte en confidente. Obviamente lo mismo puede decirse de una mujer con problemas matrimoniales que busca apoyo en un hombre miembro del grupo.

Apéndice 3

Folletos de Construyendo un matrimonio

Los folletos para usar en las reuniones de grupo Construyendo un matrimonio están disponibles sin costo en: www.editorialcnp.com

Reunión 1

Las reglas de juego (*Folleto 1*)
Tome tiempo para ser un matrimonio Reunión 1 (*Folleto 2*)

Reunión 2

El hace - ella hace (*Folleto 3*)
Tome tiempo para ser un matrimonio Reunión 2 (*Folleto 4*)

Reunión 3

Los compromisos de un matrimonio perdurable (*Folleto 5*)
¿Cómo lo estamos haciendo? (*Folleto 6*)
Tome tiempo para ser un matrimonio Reunión 3 (*Folleto 7*)

Reunión 4

¿Realmente dijo eso? (*Folleto 8*)
¿Cuál es el nivel de mi comunicación? (*Folleto 9*)
Tome tiempo para ser un matrimonio Reunión 4 (*Folleto 10*)

Reunión 5

Viernes en la noche, acaban de pagar (*Folleto 11*)
El conflicto en mi matrimonio es normal (*Folleto 12*)
Tome tiempo para ser un matrimonio Reunión 5 (*Folleto 13*)

Reunión 6

La esposa (*Folleto 14*)
Tome tiempo para ser un matrimonio Reunión 6 (*Folleto 15*)

Reunión 7

Los buenos días pasados (*Folleto 16*)
¿Cómo está nuestra intimidad? (*Folleto 17*)
Tome tiempo para ser un matrimonio Reunión 7 (*Folleto 18*)

Reunión 8

El pastor y los huevos (*Folleto 19*)
Planificando intimidad espiritual (*Folleto 20*)
Tome tiempo para ser un matrimonio Reunión 8 (*Folleto 21*)

Notas

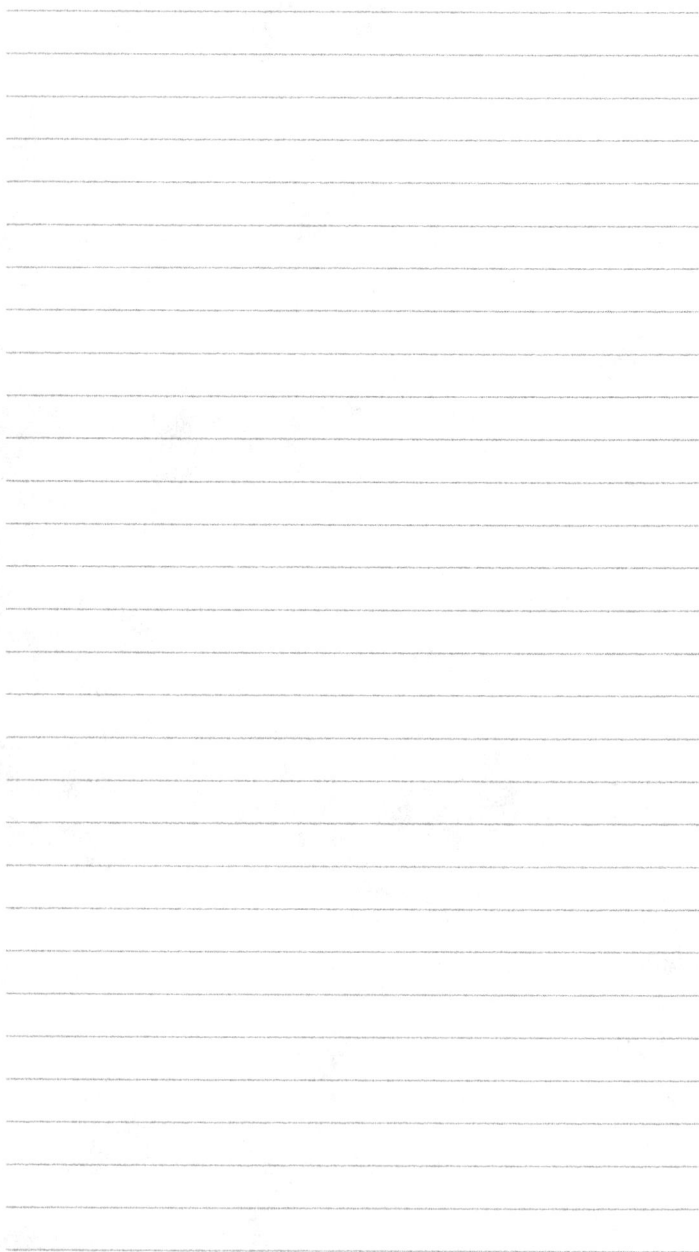

www.ingramcontent.com/pod-product-compliance
Lightning Source LLC
Chambersburg PA
CBHW020523030426
42337CB00011B/522